ALIA CAR

Petit cahier d'exercices

des mamans épanouies avant, pendant et après le congé maternité

Illustrations : Sophie Lambda

jouvence EDITIONS

PETIT CAHIER
Sport cérébral du bien-être

Dans la même collection PETIT CAHIER

Petit cahier d'exercices de spiritualité aussi simple qu'une tasse de thé, Frans Goetghebeur et Sandra Huygen

Petit cahier d'exercices de gentillesse, Emmanuel Jaffelin

Petit cahier d'exercices des couples heureux sous la couette, Yvon Dallaire

Petit cahier d'exercices d'art-thérapie, Alain Dikann

Petit cahier d'exercices de morphopsychologie, Patrice Ras

Petit cahier d'exercices de psychologie positive, Yves-Alexandre Thalmann

Petit cahier d'exercices pour réveiller sa fée intérieure, Valérie Motté

Petit cahier d'exercices pour se relever d'un échec, Isabelle Filliozat

Petit cahier d'exercices pour développer un mental de gagnant, Nicolas Duguay

Catalogue gratuit sur simple demande

ÉDITIONS JOUVENCE
France : BP 90107 – 74161 Saint-Julien-en-Genevois Cedex
Suisse : 20 Rue François-Perréard - CP 227
1225 CHÊNE-BOURG/GENEVE
Mail : info@editions-jouvence.com

ISBN 978-2-88911-729-1

Couverture : Éditions Jouvence
Mise en page : Stéphanie Roze
Dessins de couverture et intérieurs : Sophie Lambda

À ma petite Alice qui m'a accompagnée avec patience
et amour dans mes premiers pas de maman.

Chères collègues mamans et futures mamans,

Accueillir un enfant est l'une des plus grandes joies pour une femme. Que ce cadeau vous soit offert naturellement, avec l'aide de la science ou de l'adoption, la maternité allie bonheur et défis.

Peut-être vous émerveillerez-vous à l'écoute des premiers battements de cœur de votre bébé, à la découverte de son premier regard ou en sentant son petit corps chaud contre le vôtre ? Ce chemin fabuleux, fait de montagnes russes, d'apprentissages profonds, de don de soi et de rencontres authentiques, n'est pas de tout repos pour l'âme et le corps. Il suscite une foule de questions, certaines inquiétudes et pousse souvent à se dépasser, autant d'opportunités d'évoluer dans un quotidien bouleversé. Vous pourrez trouver en vous et autour de vous la force et la sagesse pour devenir une maman fantastique, cette maman faite de failles et de qualités qui n'est pas parfaite, mais qui donne le meilleur d'elle-même.

Ce petit cahier ambitionne de vous coacher pour qu'en plus d'être une maman aimante pour votre bambin, vous soyez une maman épanouie POUR VOUS ! Il sera votre allié pour traverser les épreuves et jouir des opportunités pendant ces trois phases si spéciales dans une vie : avant, pendant et après le congé maternité.

Alors prête pour ce périple passionnant ? Non, non, c'est normal, on n'est jamais prête 😉 Mais on fonce quand même !

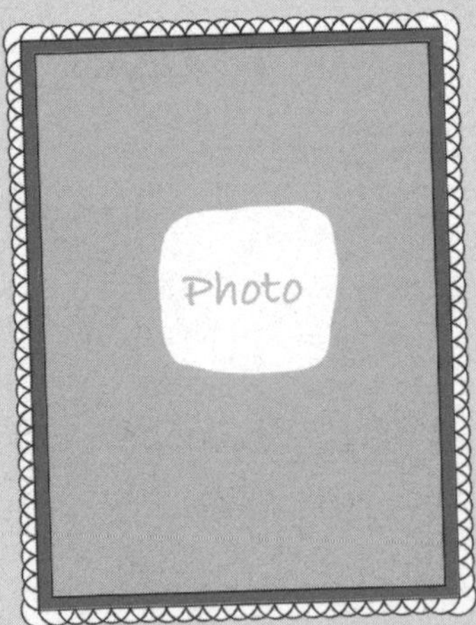

Collez ici une photo qui symbolise l'arrivée du petit être (test de grossesse, petit ventre, lit que vous avez trouvé, etc.)

PHASE I : avant le congé maternité

1. Vous êtes enceinte, youpi !

Bravo, vous êtes enceinte ! Certaines accueillent cette merveilleuse nouvelle dans la joie, voire l'euphorie, d'autres sont plus mesurées, elles préfèrent attendre que le fameux cap des trois mois soit révolu pour se réjouir.

Dès le moment où le test de grossesse est positif, votre vie de maman commence, une vie unique car vous aurez votre manière de l'aborder, riche de votre histoire personnelle et de votre sensibilité particulière. Votre vie de maman sera unique aussi parce que votre enfant le sera, tout comme le lien que vous tisserez avec lui.

Très tôt, vous ferez face à mille conseils plus ou moins bien intentionnés, et conserver votre style personnel pourra se révéler un défi. Pourtant, votre instinct de maman sera le cadeau le plus précieux. Dans cette aventure bouleversante, votre ressenti sera votre meilleur allié car vous deviendrez vite la plus grande experte de votre enfant. Il se peut que vous n'ayez pas directement accès au célèbre instinct maternel, qu'il nécessite du temps pour se construire ou se faire entendre. Mettez le jugement de côté, n'essayez pas de ressembler à une autre maman, votre destin de maman est unique, vous êtes spéciale et c'est cela qui rendra votre relation à votre enfant magique*.

Si votre monde est bouleversé, un premier pas vers votre instinct maternel serait de pouvoir vous connecter à vous-même. Voici quelques questions pour vous écouter dans ces premières semaines. Il n'y a pas de bonne ou de mauvaise réponse. Prenez une minute pour vous concentrer sur votre souffle et visualiser, entendre ou ressentir le chemin qu'il prend dans votre être, cela vous aidera à vous connecter à votre ressenti.

* Si vous rencontrez une difficulté persistante à créer le lien avec votre enfant ou à évoluer comme maman, ne tardez pas à demander de l'aide à votre compagnon, à vos proches ou à un professionnel (médecin, psychologue, etc.). En Afrique, il y a ce merveilleux dicton qui va tout de suite vous déculpabiliser : « Il faut tout un village pour élever un enfant. »
Alors, entourez-vous pour grandir avec votre enfant.

Comment avez-vous accueilli la nouvelle ?

....

....

....

....

Comment vous sentez-vous dans votre corps ?

....

....

....

....

Quelle est votre plus grande joie dans ce début de maternité ?

....

....

....

....

Quelle est votre plus grande peur dans ce début de maternité ?

....

....

....

....

Les mamans culpabilisent souvent de ressentir de la peur ou du stress, les premières semaines étant délicates. C'est aussi souvent le cas si la conception du bébé a été compliquée ou a tardé à venir. Certaines personnes leur auront dit que « le stress est mauvais pour le bébé » *! Je trouve cette affirmation profondément inefficace. Demander à une personne de ne pas avoir peur ou de ne pas stresser consiste à mettre un couvercle sur une émotion bien légitime ! Il n'y a pas de mauvais ressenti, l'important est de rester authentique avec vous et avec votre bébé. Avec vos mots de maman, vous pouvez lui expliquer ce qu'il se passe pour vous et cela sera votre première occasion de construire un lien unique et vrai. La vie n'est pas parfaite et vous avez absolument le droit de ne pas l'être non plus !*

Quand cela est juste pour vous, prenez une minute pour parler à votre enfant, tout haut ou tout bas. Vous pouvez lui raconter ce qui vous vient ou lui expliquer comment vous vivez vos premiers pas de maman. Si l'inspiration est là, vous pouvez aussi lui écrire vos premiers ressentis de maman.

Comment voyez-vous la maternité ? Lisez les belles citations ci-dessous et coloriez celles qui vous inspirent !

« La vie est un mystère qu'il faut vivre, et non un problème à résoudre. »

Gandhi

« Regardez une femme enceinte : vous croyez qu'elle traverse la rue ou qu'elle travaille ou même qu'elle vous parle. C'est faux. Elle pense à son bébé. »

Anna Gavalda

« S'aimer soi-même est le début d'une histoire d'amour qui durera toute une vie. »

Oscar Wilde

« La maternité, c'est comme l'Albanie. On ne peut pas se fier à ce qu'en disent les livres, il faut y aller. »

Marni Jackson

« Rien n'est plus lent que la véritable naissance d'un homme. »

Marguerite Yourcenar

Et ajoutez ici votre phrase, dicton, principe, conseil préféré, bref, l'allié qui vous portera dans cette aventure !

....

....

....

2. Euh... que m'arrive-t-il ?

Vous vous sentez magnifique ? Surexcitée ? Au contraire, vous êtes fatiguée ? Dépassée ? Malade ? Hypersensible ? Bref, vous ne vous reconnaissez plus du tout. Et c'est normal ! Pendant la grossesse, votre corps change, entraînant d'éventuels désagréments ou soucis physiques. Le bouleversement hormonal et la fatigue peuvent modifier votre façon d'approcher tant votre vie privée que votre vie professionnelle. Vous vous surprenez à réagir différemment ? Vous avez souvent l'impression d'être face à une montagne insurmontable ? Prenez conscience de votre réalité physique pour comprendre que tout cela est normal et résulte d'un processus physiologique ! En gagnant la sagesse nécessaire, vous traverserez plus sereinement cette épreuve.

Comment ? Assimilez l'impact de la grossesse en lisant l'avis de l'experte, puis adoptez la position du sage avec une technique à mettre en pratique dès que possible !

L'avis de l'experte !

Docteur Sarah Swimberghe, gynécologue à Bruxelles, ayant accouché des milliers de beaux bébés.

Dès le début de la grossesse, le corps et l'esprit subissent des changements importants et engendrent la production de différentes hormones en quantité importante. Les plus connues sont l'hormone gonadotrophine chorionique (HCG) produite par le placenta en formation, la progestérone, le cortisol et les œstrogènes. Les hormones tiennent un rôle essentiel dans le soutien du développement du bébé, mais leur fluctuation et leur interaction peuvent avoir également un impact sur notre fonctionnement tant physique que moral :

- Fatigue
- Nausées et vomissements
- Changements au niveau de la peau : acné, sécheresse
- Ballonnement et constipation
- Baisse de tension et vertiges
- Rétention d'eau
- Prise de poids
- Hypersensibilité
- Saute d'humeur

Saviez-vous, par exemple, qu'à certains moments de la grossesse votre corps dépense plus d'énergie au repos que celui de votre compagnon en exercice ?

La technique de la position du sage !

Dans votre quotidien, au travail comme à la maison, tentez de vous mettre dans la position d'observatrice de vous-même. Essayez de vous regarder comme si vous étiez l'actrice d'un spectacle. Quand votre comportement vous déroute, rappelez-vous l'impact de la fatigue

Ces dernières vingt-quatre heures, par quels états êtes-vous passée ? Coloriez les mots correspondant aux états qui ont été les vôtres et constatez la multiplicité des expériences que vous vivez en une journée ! Il y a de quoi être bouleversée !

Joie de vivre

Larmes

Nausée

Fatigue

Saute d'humeur

Agacement

Stress

Confiance dans la vie

et des hormones. Chaque phase de vie a ses challenges. Aujourd'hui, il est essentiel de ne pas vous ajouter une pression supplémentaire ! La nature fait son œuvre, votre part devrait se limiter à accepter la femme enceinte que vous êtes aujourd'hui, même lorsque celle-ci ne correspond pas à vos exigences !

Envie puissante de ranger

Forte émotion

Béatitude

Euphorie

Susceptibilité

Envie / dégoût alimentaire

Sensation d'être dépassée

Pour prendre l'habitude d'adopter la position de l'observatrice au moins trois fois par jour, affichez l'humeur qui vous habite en coloriant le visage qui correspond à votre humeur, matin, midi et soir pendant trois jours. Pendant la séance de coloriage, posez-vous la question : **« Quel est mon plus grand besoin maintenant ? »** et inscrivez-le sous le visage. Ce petit compte rendu de votre état intérieur vous aidera à éventuellement faire les adaptations nécessaires.

Par exemple, si votre plus grand besoin est de dormir et qu'il revient fréquemment, sans doute faudra-t-il augmenter votre temps de repos.

	Jour 1	Jour 2	Jour 3
Matin	....	....	....
Midi	....	....	....
Soir	....	....	....

3. Adaptez votre quotidien en fonction de votre énergie et de vos capacités

La grossesse pose une question fondamentale : quelles sont vos limites ? Si à cause de la fatigue, de la nausée, d'autres malaises physiques ou psychiques, vous avez le sentiment d'être moins efficace, vous pourriez explorer la façon dont vous travaillez aujourd'hui et évaluer si ce fonctionnement vous convient. Ce cheminement aura un impact bénéfique au cours de votre grossesse et pourra aussi influencer positivement votre vie professionnelle en général.

Faites votre check-up énergétique* !

Pour garder un bon niveau d'énergie sur le lieu de travail, enceinte ou pas, il est important de prendre soin de soi. Parmi les actions qui vous donneront de l'énergie, entourez celles dont vous êtes déjà capable aujourd'hui ! Voici ce qui devrait toujours être votre *To Do list* prioritaire, la liste des **habitudes boostantes** !

- ❑ J'ose dire non quand c'est nécessaire.
- ❑ Je délègue ce qui peut l'être / ce qui doit l'être.
- ❑ J'accomplis les tâches suffisamment bien plutôt que parfaitement.
- ❑ Je vérifie mon travail raisonnablement (par exemple, je ne relis pas un rapport ou un e-mail important un nombre de fois excessif) : j'apprends à me faire confiance.
- ❑ J'utilise certaines de mes qualités dans mon travail parce que c'est tellement bon de pouvoir contribuer avec sa valeur personnelle.
- ❑ Je planifie maximum 70 % de ma journée et je laisse le reste aux imprévus, aux interruptions et aux urgences.
- ❑ Je ne m'évalue pas en fonction du résultat, mais en fonction du critère « ai-je fait du mieux que je peux ? ».
- ❑ Je suis régulièrement contente du travail que j'accomplis.
- ❑ Je connais ma valeur dans l'équipe.
- ❑ Je crée des standards quand je fais face à une tâche récurrente.
- ❑ Je prends des pauses régulièrement (quelques minutes de marche, une pause de yoga, une tisane en écoutant une belle musique ou en discutant avec une amie ou collègue agréable).
- ❑ Je profite du week-end et des soirées pour déconnecter du travail.
- ❑ Je garde mon style au travail.
- ❑ Je ne me laisse pas polluer par trop d'interruptions (e-mails, téléphone, collègues…) et me réserve des plages de travail sans distraction.

* Pour travailler en profondeur sur la question de l'énergie et des limites, vous pouvez lire les précédents livres de l'auteur : *Petit Manuel de survie dans la jungle du quotidien – pour les femmes d'aujourd'hui* ou *Créer son équilibre vie privée, vie professionnelle*, aux Éditions Jouvence.

Relisez les habitudes boostantes que vous n'avez pas entourées. Parmi celles qui vous manqueraient, laquelle vous ferait le plus de bien aujourd'hui ?

....

....

....

....

....

....

....

....

....

....

....

....

....

....

Comment pourriez-vous accueillir cette habitude dans votre quotidien ?

....

....

....

Si vous n'avez pas d'idée, vous pouvez demander à une personne qui excelle dans l'action qui vous manque d'être votre mentor et de vous aider. Vous pouvez aussi observer simplement le mentor choisi et découvrir les informations précieuses qui vous permettront d'acquérir cette habitude dans votre quotidien.

Dans tous les cas, gardez précieusement la liste des actions qui vous donnent de l'énergie sur le lieu de travail (prenez-en note dans votre téléphone ou dans votre agenda) et, quand vous le sentez, travaillez à acquérir une ou plusieurs nouvelles habitudes boostantes !

Votre état vous oblige à adapter votre rythme de travail, voire à l'interrompre ?

Votre médecin vous demande d'adapter votre façon de travailler pour le bien de votre bébé et/ou le vôtre et vous éprouvez de la difficulté à suivre ses conseils, malgré un certificat qui ne laisse aucun doute ?

Vous n'êtes pas la seule !

Contrairement à ce que l'on pourrait croire, il n'est pas toujours facile de ralentir ou d'accepter de s'aliter. La plupart des femmes veulent être présentes sur le lieu de travail, donner le meilleur d'elles-mêmes, craignent pour leur place ou ne souhaitent pas être éloignées d'une vie sociale bien remplie. La demande du médecin d'adapter le rythme de travail (home working, horaire réduit, alitement) ne sera pas toujours suivie le coeur léger. Un exemple fréquent est la nécessité de ménager une grossesse avec contractions prématurées. Cette décision semble naturelle, voire évidente. Pourtant, elle peut exiger un travail d'acceptation des limites physiques et une réévaluation des priorités.

De nombreuses femmes prennent sur elles pour ne pas faire ce qu'elles considèrent, à tort, comme un aveu de faiblesse : demander un traitement différent nécessité par leur grossesse. Je suis convaincue que plus la société donnera une place réelle à la femme et consolidera l'égalité entre les deux sexes, plus il sera facile pour une femme d'accepter certains moments de fragilité. Le sentiment si fréquent de devoir faire ses preuves s'effacera alors au profit d'une certaine douceur de vivre... C'est tout ce que je souhaite à notre société de demain.

Face à la nécessité d'adapter votre rythme de travail, concentrez-vous sur les faits.

- Essayez de rationaliser une éventuelle peur de décevoir ou de déplaire en vous rappelant que vous suivez l'avis de l'expert, votre médecin, et qu'en réalité, cela ne relève plus de votre choix.

- Si cela vous aide, demandez à votre médecin de résumer en des termes clairs les risques réels encourus si vous ne suivez pas ses conseils. Vous pourrez utiliser ces faits si vous ressentez un besoin de vous justifier, auprès de vous ou auprès des autres.

→ Rappelez-vous qu'il y a un début, un milieu et une fin à toute épreuve et que la vôtre ne devrait plus durer que quelques mois... Et surtout, restez en contact avec le monde extérieur, même par téléphone, via les réseaux sociaux ou par Skype. L'être humain est un être social avant tout !

4. Comment l'annoncer au travail ?

Pour toutes les raisons évoquées, vous avez peut-être un besoin accru d'harmonie avec vos proches, mais également dans votre environnement professionnel. Dans ces conditions, annoncer la grande nouvelle à son employeur peut prendre la forme d'une épreuve... Beaucoup ont peur de décevoir ou de mettre à mal une relation de travail.

Évaluez votre niveau de stress à l'idée de l'annonce. Cochez la réponse, puis comptez le nombre de fois où vous avez répondu « oui » :

	OUI	NON
1. Y pensez-vous plus de deux fois par jour ?	❑	❑
2. Retardez-vous l'annonce, sans aucune nécessité particulière ?	❑	❑
3. L'idée de l'annonce vous coupe-t-elle l'appétit ?	❑	❑
4. Avez-vous des sentiments désagréables quand vous pensez à l'annonce à faire (stress, angoisse, culpabilité…) ?	❑	❑
5. La perspective perturbe-t-elle votre sommeil ?	❑	❑
6. Pensez-vous que votre employeur ne sera pas content à l'idée de cette annonce ?	❑	❑

Si vous avez répondu **OUI** au moins deux fois ou si l'idée de l'annonce vous est simplement désagréable, coachez-vous en répondant aux questions qui suivent !

Qu'est-ce qui vous est le plus difficile à vivre dans ce moment ? Détaillez votre ressenti:

....

....

....

....

....

....

....

....

....

....

....

....

....

....

....

....

....

Une fois la difficulté précisée, parlez-en à deux femmes. Si possible, choisissez des personnes ayant des traits de personnalité différents pour compter sur une variété d'approches.

Comment celles-ci agiraient-elles face à votre difficulté ? Reprenez ici le message le plus important que ces discussions vous aient apporté.

....

....

....

....

....

....

....

Allez plus loin : qu'est-ce que cette situation révèle sur vous ? S'agit-il d'un défi récurrent dans votre vie ou cela fait-il écho à une difficulté plus générale ? Si oui, ayez conscience que l'annonce de votre grossesse sera aussi une opportunité d'avancer dans un domaine délicat pour vous. Patience et compassion pour votre être seront donc de mise !

Exemple : Ma difficulté à annoncer ma grossesse ne m'étonne pas. J'ai beaucoup de mal à prendre ma place ou à dire les choses si j'ai l'impression que cela va créer un inconfort pour l'autre.

....

....

....

....

....

....

Explorer votre malaise autour de l'annonce permet de l'approcher différemment, peut réduire le stress et vous donner l'impression d'être mieux accompagnée lors de la discussion crainte... Votre annonce pourra prendre plusieurs formes, en fonction de vous et de votre interlocuteur : touchante, avec humour ou encore l'annonce ultra-formelle.

Dans tous les cas, en franchissant la porte du fameux rendez-vous, rappelez-vous :

c'est une merveilleuse nouvelle !

5. Préparez votre départ

Que devez-vous prévoir pour quitter sereinement votre travail le jour venu, soit à la date prévue soit un peu plus tôt si cela s'avère nécessaire ?

Quelques actes concrets pour un départ paisible !

Voici la fameuse *To Do list* que vous pourrez compléter en fonction des obligations liées à votre fonction. Et dès que vous aurez avancé, coloriez les cases des tâches accomplies !

- ❑ Quand nécessaire, annoncez la grossesse (renseignez-vous sur vos obligations sur ce point et d'autres).
- ❑ Organisez une réunion avec le manager et le remplaçant éventuel pour répondre aux questions.
- ❑ Préparez un mémo reprenant les informations dont le remplaçant aura besoin pendant votre absence. Ce mémo peut comprendre notamment les informations relatives à un dossier, aux clients, aux dates importantes pour les projets en cours… Il pourra être complété au fur et à mesure.

- ❑ …
- ❑ …
- ❑ …
- ❑ …
- ❑ …
- ❑ …
- ❑ …
- ❑

Et aussi :
En concertation avec votre hiérarchie, prévoyez un e-mail automatique mentionnant votre absence et, si nécessaire, indiquez une liste des personnes à contacter si l'e-mail n'est pas automatiquement transmis au remplaçant.

Constituez-vous une ressource pour le futur !

Dans quelques semaines, votre vie sera bouleversée par l'arrivée de votre enfant. Les mouvements hormonaux, la fatigue et les petites épreuves éventuelles liées à vos apprentissages de maman pourraient malmener votre confiance en vous. Si vous attendez votre premier enfant, il se peut que vous ne vous estimiez pas immédiatement compétente, du moins comme vous l'aimeriez. Pendant plusieurs semaines, vous serez loin de votre travail et de vos accomplissements professionnels et, dans ce contexte, votre confiance en vous et en vos compétences professionnelles pourrait être émoussée.

Exercice « Lettre à moi-même pour me booster en temps de crise ! »

Pour vous accompagner dans les phases plus délicates, prenez un moment pour vous constituer une ressource, un texte qui vous rappellera votre valeur dans votre travail.

Quand l'inspiration vous vient, **inscrivez ici tout le positif que vous pensez de vous professionnellement,** votre valeur dans l'équipe et quelques exemples concrets où votre contribution (intellectuelle ou humaine) a eu un résultat positif. Vous pouvez utiliser la formule qui vous convient, sous forme de points ou de lettre à vous-même. En écrivant, souvenez-vous que vous vous adressez à une personne qui se sentira peut-être démunie ou épuisée, donc n'hésitez pas à mettre l'accent sur vos beaux côtés. La modestie n'a pas sa place dans cet exercice !

....

....

....

....

....

....

....

....

....

....

....

....

....

....

....

....

Si vous avez des collègues ouverts ou un patron capable de déceler le positif dans son équipe, demandez-leur de vous donner l'un ou l'autre exemple ou qualités professionnelles qui vous aideront à vous rappeler votre valeur, et reprenez l'essence de leurs propos ici. Vous pouvez aussi poser la question à vos amis ou proches. Nous ignorons souvent certaines qualités qui sont évidentes aux yeux des autres !

....

....

....

....

....

....

....

....

....

....

....

....

....

Être une alliée pour vous et être convaincue de votre valeur, même dans l'adversité, fourniront un terreau fertile à votre épanouissement de maman.

PHASE II :
pendant le congé maternité

Félicitations ! Vous avez accouché d'un magnifique bébé !

1. Trois principes essentiels pour vous préserver dans la maternité

Surtout si c'est votre premier enfant, vous entamez sans doute une phase d'apprentissage intense. De mettre une couche à savoir comment préparer un biberon ou allaiter en passant par apprendre à le consoler, vous aurez la joie d'assister à une sorte de formation continue. Rappelez-vous, nous passons toutes par là et, jusqu'à ce jour, je n'ai jamais entendu une femme prétendre :

« Je me suis sentie tout de suite
la mère parfaite et compétente ! »

Je vous souhaite tout le meilleur dans cette exploration captivante, autant que possible à l'écoute de votre ressenti de maman. Pour être à votre écoute et tenter d'entendre cette petite voix qui est souvent à ses balbutiements, faites vôtres trois principes !

➙ **Soyez heureuse de votre style.** Ce style est votre approche personnelle de l'éducation, c'est la façon dont vous souhaitez être maman et entourer votre enfant. Il fluctuera en fonction de votre évolution personnelle, mais aussi de la personnalité (pétillante ? spontanée ? infatigable ?) de vos enfants ainsi qu'en fonction de leur âge.

➙ **Soyez douce avec vous**, même dans les moments où vous n'êtes pas satisfaite de vous ou de vos actions. La maternité vous offre des joies immenses, mais demande également énormément de ressources qu'il est préférable de ne pas gaspiller à vous blâmer.

➙ **Soyez présente à vous**, à vos enfants ou aux autres le plus souvent possible...

L'avis de l'experte !

Docteur Nathalie Sannikoff, pédiatre à Ottignies, ayant soigné avec patience des milliers de bébés et d'enfants.

Ses conseils pour vos premiers jours en tant que maman !

« Félicitations, quel beau bébé... »

Voilà les premiers mots que vous percevrez après l'accouchement. On vous dit que c'est le plus beau jour de votre vie ! C'est vrai, mais par ailleurs que de changements et d'incertitudes. « Est-il comme on l'imaginait ? Va-t-il nous aimer ? Me comblera-t-il autant que mon premier ? » Des milliers de questions vous traverseront l'esprit, c'est un processus normal ! Faites-vous confiance, l'instinct maternel existe bien.

Allaiter ou non ?
Ce sera, finalement, votre choix. Bien sûr, le lait maternel est la matière première idéale pour votre nourrisson, mais il arrive que, pour des raisons organiques ou psychoaffectives, cet allaitement ne puisse se mettre en place.
Quel sentiment de culpabilité, du coup, pour certaines ! Pourtant, il n'y a pas de bons ou mauvais choix, cela dépendra de chaque situation et mieux vaut une maman sereine !

Faites-vous entourer de personnes positives.
Soyez vous-même, laissez tomber la culpabilité, écoutez vos enfants, soyez patiente et surtout n'essayez pas d'être parfaite !

2. Choyez votre confiance en vous dans la maternité

Pendant le congé maternité, la confiance en soi peut être soumise à quelques secousses et bouleversements. Les femmes sont souvent surprises d'apprendre que cette perte de confiance en soi ou cette phase de doutes sont finalement assez communes. On a beau être une super woman, le nombre de défis vécus dans une nouvelle maternité est impressionnant ! En plus, le congé maternité extrait la maman de l'environnement professionnel pendant un certain temps, et il n'est pas simple de quitter des habitudes, une place, un rôle, même, pour en prendre un autre tant désiré.

Et vous, quels sont vos défis aujourd'hui ? Entourez la ou les flèches correspondant à vos défis tout en prenant conscience de l'effort incroyable que vous devez fournir pour faire face à ces challenges ! La première étape vers une meilleure confiance en soi est une plus grande douceur à votre égard. En réalisant le nombre de défis auxquels vous faites face, vous pourrez peut-être avoir plus de compassion pour ce que vous vivez, ce qui serait un pas précieux !

➡ Vous vous sentez tiraillée entre l'allaitement et le biberon ? Vous culpabilisez car vous voulez bien faire, mais ne parvenez pas à atteindre l'objectif que vous vous êtes fixé ? Et les commentaires de l'entourage n'aident pas...

➡ Même sans en avoir conscience, vous utilisez désormais une énergie incroyable pour satisfaire les besoins de votre bébé. Cela peut être source de stress, surtout lorsqu'il est malade.

➡ Vous apprenez en permanence, ce qui peut vous donner le sentiment de ne pas être à la hauteur. Par exemple, vous pouvez vous sentir profondément impuissante quand vous ne parvenez pas à consoler votre bébé.

➡ Vous avez le sentiment que tout est une montagne, que jamais vous n'arriverez à être une bonne mère ? Les bouleversements hormonaux (voir encadré) peuvent avoir un impact puissant sur vous et influer temporairement sur votre confiance en vous.

→ Le manque de sommeil et la fatigue altèrent les capacités cérébrales (trous de mémoire, distraction, difficulté à s'organiser ou à réfléchir). La fatigue affecte également la perception de soi et peut assombrir la façon dont vous voyez la vie.

→ Vous recevez des conseils contradictoires, ce qui génère confusion et constitue un obstacle à votre instinct maternel.

→ Pendant le congé maternité, une maman peut se sentir très seule, éloignée du monde professionnel et de son effervescence.

→ Loin du travail, vous pouvez perdre le contact avec vos talents et compétences professionnelles, ce qui peut aussi affecter la confiance en soi.

→ Enfin, la perspective d'un retour au travail peut générer des inquiétudes : vais-je être à la hauteur ? Et si je manque de sommeil ?

Le congé maternité constitue donc une belle opportunité d'améliorer sa confiance en soi ! Alors allons-y, chères collègues mamans !

L'avis de l'experte !

Docteur Sarah Swimberghe, gynécologue à Bruxelles, ayant accouché des milliers de beaux bébés.

Dès l'accouchement, vous pouvez faire face à des inconforts physiques de nature à influer sur le moral. Le ventre se vide et devient mou. Vous expérimentez des bouleversements hormonaux importants et de nombreux désagréments, voire douleurs physiques (perte de sang, cicatrisation éventuelle, contractions de retour). Votre corps ne correspondra peut-être plus vraiment avec l'image que vous en aviez avant.

Même si vous attendiez la naissance avec beaucoup de joie, cette situation n'est pas toujours facile à gérer, surtout si vous ou votre entourage attendez en plus que vous soyez obligatoirement heureuse face à votre bébé.

Le baby blues touche 30 % à 80 % des femmes, mais également certains hommes (jusqu'à 10 %). Ce moment qui peut se traduire notamment par une tristesse, une angoisse, des insomnies, un sentiment d'incompétence intense est temporaire. Si votre mal-être persiste, n'hésitez pas à consulter.

La confiance en soi appelle deux attitudes

➙ **Osez voir qui vous êtes**, *vos failles ET aussi vos qualités ! Beaucoup sont extrêmement douées pour faire la liste de leurs défauts. Par contre, il leur est plus compliqué d'établir celle de leurs qualités. Est-ce une question d'éducation ? La plupart des personnes se justifient en arguant que cela manque de modestie. La connaissance de soi et de ses ressources est pourtant essentielle si vous voulez rester joyeuse et faire face aux défis de la vie.*

Imaginez-vous un patron qui ne relèverait que les points négatifs. Vous n'en voudriez pas ! Alors, cessez d'être ce patron-là pour vous et apprenez à reconnaître vos bons côtés au quotidien. Cette attitude vous donnera aussi le sentiment de contribuer à la vie, au bonheur des autres et au vôtre avec votre valeur personnelle.

➙ **Acceptez d'être un ensemble de failles et de qualités,** *comme vous acceptez que la météo varie entre soleil et pluie ! Le grand secret des gens qui ont confiance en eux n'est pas qu'ils sont mieux que les autres (plus parfaits, plus beaux, plus*

drôles), mais simplement qu'ils s'acceptent comme ils sont, pour le pire et le meilleur. Ils ont conscience que dans leur vie, ils auront des réussites et des échecs, des moments de clairvoyance et d'autres de doutes. C'est le lot de tout être humain. C'est aussi ce mélange de failles et de qualités qui rend un être humain riche et intéressant.

Quelles sont vos qualités et vos failles (plus communément appelés « défauts ») ? Pour chaque faille, mentionnez deux qualités ! Pour vous aider, puisez dans les lettres ressources que vous avez établies avant la naissance.

Qualités	Failles

Vous éprouvez de la difficulté à identifier vos qualités ? Persévérez ! Lisez les forces ci-dessous et entourez celles que vous ou votre entourage vous attribue. N'hésitez pas à compléter la liste !
Connaître ses forces et s'offrir une vie qui vous permette de les exercer au maximum est source d'épanouissement*. Ces forces ne vous demandent pas trop d'efforts, au contraire, vous êtes pleine de vie et heureuse lorsque vous les exercez. C'est comme une évidence, c'est « vraiment vous ».

La patience, la détermination, la créativité, l'endurance, l'amour de l'apprentissage, la curiosité face au monde qui nous entoure, l'humour, l'ouverture d'esprit, la ténacité, la capacité à s'adapter, l'honnêteté, la gentillesse, l'empathie, la générosité, la capacité d'organisation, la résilience, la volonté, l'enthousiasme, l'intelligence, la capacité à structurer, la communication, la capacité à établir le lien avec autrui, la compassion, la tolérance, l'intégrité, la douceur, la sensibilité, etc.

* Seligman, M., *La Fabrique du bonheur – Vivre les bienfaits de la psychologie positive au quotidien*, Paris, Interéditions, 2011.

Comment pourriez-vous donner plus de place à vos forces en les exerçant davantage ? Cela peut être dans votre relation aux autres, au sein de votre famille, avec vos amis ou dans votre relation à vous.

Une fois votre paquet de failles et de qualités mieux identifié, le travail consiste à l'accepter ! C'est une habitude à intégrer dans le quotidien, un travail d'ouverture à ce qui est, qui requiert du temps et de la pratique pour devenir une évidence. Ce travail consiste à accepter tout ce qui vous compose, en arrêtant de vouloir être différente ou mieux. Chaque fois que vous parvenez à vous accepter telle que vous êtes, vous consolidez cette pratique dans votre vie. Et s'il vous est impossible de vous accepter telle que vous êtes, débloquez la situation en acceptant d'abord que vous ne parvenez pas à vous accepter.

3. Préparez votre retour au travail

Dans quelques jours ou semaines, vous retournerez travailler et cette idée peut être source de joie, mais aussi de tristesse et de craintes. La maternité a pu générer de nouveaux besoins, un nouveau rythme, de nouvelles facettes de votre personnalité et vous tentez sans doute encore de vous redéfinir dans votre nouveau rôle, que vous soyez maman pour la première fois ou que vous offriez un petit frère ou une petite soeur à la famille.

Ces changements peuvent nécessiter une réorganisation et certaines questions, en vue de votre intégration dans le monde du travail. Avez-vous temporairement besoin d'adapter ou de réduire vos horaires ou votre charge de travail ? Votre travail correspond-il toujours à vos attentes ?

Qu'auriez-vous besoin de changer dans votre vie professionnelle pour mieux vivre votre retour ?

....

....

....

....

....

....

....

....

....

....

Lisez la liste de vos habitudes boostantes (voir la première partie) et déterminez l'habitude qui vous soutiendrait dans votre réintégration et qui pourrait être votre priorité pour les trois premiers mois.

....

....

....

....

....

....

....

....

....

Comment pourriez-vous gérer plus facilement ce défi en vous reliant à une ou plusieurs de vos forces ? Relisez vos forces et explorez comment vous pourriez faire appel à elles pour mieux vivre la transition ?

....

....

....

....

....

....

....

....

....

Visualisez votre retour et révélez vos ressources cachées !

La visualisation d'un événement futur, ici votre retour au travail, vous permet d'explorer cette situation différemment, suscite de nouvelles idées et révèle vos ressources cachées. De plus, le cerveau ne distingue pas le souvenir réel de celui imaginé car les zones du cerveau activées sont les mêmes. Dès lors, si votre cerveau cherche dans le passé comment résoudre une difficulté, il s'enrichira aussi bien des expériences réelles que des visualisations effectuées. C'est pour cette raison que les sportifs de haut niveau utilisent la visualisation pour préparer leur épreuve.

Demandez à une personne de vous lire les instructions ci-dessous, à un rythme suffisamment lent et en respectant les temps de pause. Asseyez-vous confortablement et fermez les yeux.

« Tentez d'être plus présente à votre corps. Que ressentez-vous ? Détente ou tension ? Faites quelques mouvements pour retrouver votre confort.

Ensuite, créez le film d'un retour au travail qui se déroule parfaitement bien : vos collègues sont ravis de vous voir, vous travaillez sur des dossiers intéressants, votre patron est particulièrement compréhensif, votre bébé est très heureux à la crèche et s'y habitue pratiquement immédiatement. Essayez de former un petit film agréable à regarder. Où vous situez-vous ? Comment est le décor autour de vous ? Prenez le temps de construire ce futur agréable. »

Pause de 2 minutes.

« Quel est votre sentiment en regardant ce film ? Laissez-vous vous imprégner de celui-ci. »

Pause de 1 minute.

« Progressivement, revenez à la réalité. Quelle action pourriez-vous entreprendre pour vous rapprocher de la réalité que vous avez créée ? »

....

....

....

....

....

....

« Qu'avez-vous appris sur vous pendant cette visualisation ? »

....

....

....

....

....

....

....

....

Chaque jour pendant les dix jours qui précèdent votre retour au travail, adoptez ce double rituel à l'effet boostant !

- Lisez vos lettres ressources une fois par jour pendant la semaine qui précède votre retour au travail.

- Rejouez votre visualisation comme un petit film dans votre tête tout en écoutant une musique que vous adorez et qui vous rend heureuse.

PHASE III :
Après le congé maternité

1. Respectez votre vécu, unique, face à ce retour

C'est la grande rentrée ! Et cette expérience est vécue différemment selon votre histoire, vos exigences personnelles, vos croyances, votre confiance en vous et l'intensité de l'environnement professionnel. Le congé maternité est encore trop souvent perçu comme une phase de repos alors qu'il est émaillé de nombreux apprentissages, le tout en dormant moins, peu ou pas du tout. S'entendre demander au retour d'un congé maternité : « Alors, comment c'était les vacances ? » montre le décalage énorme entre la réalité et certains préjugés. Même formulé sur le ton de l'humour, ce genre de remarque peut générer un malaise, surtout après quelques mois d'absence.

Le retour au travail peut être fatigant physiquement et émotionnellement. Il implique de vivre certains deuils et met face à de nouvelles exigences : organiser sa vie avec un bébé, le faire garder par un tiers, passer de l'allaitement au biberon, retrouver une fonction et un rythme de travail malgré les petites nuits. Le tableau n'est pas forcément noir, mais tous les paramètres poussent à une indulgence particulière pour toute femme qui vit cette transition. Un temps est nécessaire pour se connecter à son potentiel, trouver ses marques et à nouveau s'épanouir dans sa vie professionnelle. L'empathie de l'employeur et des collègues est alors un cadeau inestimable.

Beaucoup de femmes se reprochent de ne pas pouvoir être pleinement actives dans leur vie privée et/ou professionnelle. Il faut compter en général une année pour se remettre complètement d'un accouchement et retrouver ses pleines capacités. Ce temps pourra être plus long si l'enfant ne fait pas ses nuits dans la première année. Il est donc essentiel d'adapter ses exigences personnelles, le temps que le corps et l'esprit aient retrouvé leur potentiel.

Lisez les phrases ci-dessous et coloriez celles qui vous inspirent.

« Une mère, c'est vaste comme le monde. Elle est l'univers de chaque enfant qu'elle a porté, un univers unique qu'elle a inventé à chaque maternité. »

Pierre Karch

« Il faut tout un village pour élever un enfant. »

proverbe africain

« Dieu ne pouvait être partout, alors il a créé la mère. »

Citation de proverbe yiddish

« Cette possibilité que la maternité ne soit pas un don inné, qu'elle se construise avec l'enfant dans le doute et la folie, dans le tâtonnement de la raison du plus aimant. »

Marc Vilrouge

« Avant j'avais des principes, maintenant j'ai des enfants. »

auteur inconnu*

*. Malgré mes recherches, je n'ai jamais pu identifier l'auteur de cette belle phrase, une de mes préférées.

Et ajoutez votre phrase, dicton, principe, conseil préféré !

....

....

....

....

2. Respectez vos nouvelles limites !

Se respecter au travail consisterait à donner le meilleur de soi, c'est-à-dire offrir ce qui est possible et juste pour vous, en fonction de votre énergie et de vos capacités du moment. Votre état étant profondément fluctuant, ce que vous pourrez donner le sera également. Il ne s'agit pas d'être parfaite, mais seulement de faire de votre mieux. Dès que vous êtes dans l'excès, dès que la fatigue ou les sentiments négatifs apparaissent, il est possible que vous ne soyez plus dans ce qui est juste pour vous et que vous ne respectiez plus vos limites.

Connaissez-vous vos limites actuelles ? Prenez un temps pour vous poser ces questions et les identifier, il s'agit du premier pas vers le respect de celles-ci.

Quelles sont les trois choses les plus pénibles à votre travail depuis votre retour ?

....

....

....

....

....

Pour quelles tâches sortez-vous de votre zone de confort ?

....

....

....

....

....

Avez-vous le sentiment d'être vous-même ou devez-vous prétendre être une autre personne pour correspondre à votre environnement professionnel (clients, collègues, société) ?

....

....

....

....

....

Quelles sont les tâches qui vous prennent le plus d'énergie ?

....

....

....

....

....

Quel est le jour qui vous fatigue le plus et pourquoi ?

....

....

....

....

....

Dans vos réponses qui précèdent, vous semble-t-il qu'une ou plusieurs limites soient dépassées ? Essayez de les formuler simplement en une phrase courte.

Exemple :

– J'ai l'impression de ne pas respecter mes besoins de sommeil.

– J'ai l'impression de toujours faire plus que nécessaire, je constate d'ailleurs que je me porte le plus souvent volontaire ou/et que je pars systématiquement après l'horaire de travail prévu.

– Dans une discussion, je n'ose pas défendre mon point de vue si je sens qu'un conflit est possible.

....

....

....

....

Vous avez pu mettre des mots sur les limites que vous ne respectez pas aujourd'hui ? Parfait ! Y a-t-il quelques changements faciles à mettre en place pour améliorer la situation ?

....

....

....

....

....

....

....

....

....

....

....

....

....

....

....

....

....

....

....

....

....

La façon la plus puissante de pouvoir avancer sur un point est de connaître les obstacles et les ressources afin de travailler sur les uns pendant que vous miserez sur les autres. Qu'est-ce qui vous empêche de faire respecter vos limites ? Qu'est-ce qui vous aiderait à les faire respecter ? Entourez les réponses qui vous correspondent et inspirez-vous d'elles pour ajouter vos propres réponses !

OBSTACLES	RESSOURCES
Peur de déplaire	Mes qualités
Peur du conflit	Soutien/échange avec mes proches
Ignorance	Apprendre
Manque de temps	Prendre le temps
Manque de motivation	Mon énergie vitale
Manque de confiance en soi	Ma capacité à rebondir

Identifiez maintenant l'obstacle le plus important. Il peut s'agir de celui qui est le plus récurrent ou qui paraît le plus insurmontable, comme un élément qui vous paralyse dans votre fonctionnement. Ensuite, décidez de vous intéresser à celui-ci et de tenter de diminuer ses effets. L'objectif sera non pas de changer fondamentalement, mais plutôt d'apprendre à vivre avec cette faille, de savoir comment la compenser afin qu'elle ne soit plus un frein à votre bonheur, mais seulement une petite imperfection qui fait de vous un être humain. Pour y travailler, vous pouvez lire à son sujet, en parler à des proches bienveillants qui semblent exceller sur ce point ou vous faire accompagner par un professionnel.

3. Adaptez votre approche de la vie !

La maternité bouleverse et vous découvrez progressivement comment cette expérience vous a transformée.

La technique ACT* pour les mamans fatiguées !

*Si vous vous sentez dépassée** ou fatiguée, lâchez ce sentiment de devoir rentabiliser chaque minute et saisissez cette opportunité pour adopter la technique ACT et préserver le peu d'énergie à disposition.*

La technique « ACT » : Accepter – Choisir – Trier !

➞ Accepter

Acceptez que vos ressources soient limitées temporairement. Le but est d'agir au mieux avec vos capacités et votre énergie du moment :

« Je fais du mieux que je peux. »

* © Alia Cardyn 2015.

** Si ces moments de fatigue perdurent ou si vous en ressentez le besoin, consultez votre médecin pour être aidée adéquatement.

➜ Choisir

C'est le moment idéal pour revisiter votre vie et choisir où vous mettez votre énergie. Pour ce faire, concentrez-vous sur deux critères :

Qu'est-ce qui est essentiel pour vous ?

–

–

–

–

–

Qu'est-ce qui vous apporte du bonheur ou un certain bien-être ?

–

–

–

–

–

➜ Trier

Préservez votre énergie en faisant la chasse aux choses/personnes/activités énergivores. Pendant quelques jours, observez votre fonctionnement pour identifier ce qui vous demande le plus d'énergie. Pour y parvenir, demandez-vous fréquemment :

« Comment est-ce que je me sens dans mon corps et dans mon cœur ? »

ou

« Quel est mon plus grand besoin ? »

Choisissez d'éliminer de votre quotidien trois des choses que vous aurez identifiées comme les plus énergivores, par exemple :

1. Devoir toujours faire plaisir.

2. Subir les plaintes injustes d'une personne trop exigeante.

3. Dire oui quand je n'en ai aucune envie.

À vous !

- ....
- ....
- ....

Si vous avez le sentiment qu'il est difficile d'éliminer un élément énergivore de votre quotidien, explorez un instant comment serait votre vie sans l'élément en question. Vous pourriez être surprise par un regain de motivation !

Former une super équipe dans le couple* en trois étapes !

C'est précieux pour les enfants puisqu'ils bénéficient de deux approches de la vie. C'est également essentiel pour soutenir la maman dans son épanouissement. Nulle ne sait tout faire, tout gérer et porter toutes les responsabilités.

1. Créez un esprit d'équipe ! Cela peut être un défi important, surtout si la fatigue crée certaines tensions dans le couple. L'objectif est de bénéficier des forces et des possibilités de chacun. Remettez en question croyances et préjugés : la mère ne doit pas forcément davantage s'occuper du

* Pour lire sur le thème de la belle équipe en couple, je vous renvoie au Petit Manuel de survie dans la jungle du quotidien, op. cit.

ménage et l'homme assurer un revenu. Choisissez les rôles en fonction des envies, des possibilités, des aptitudes et des attraits. Et si l'on est moins apte à cuisiner, donner le bain aux enfants ou faire les courses, il paraît que tout talent s'acquiert par la pratique...

2. Faites un pacte ! Il n'est pas agréable de devoir poursuivre l'autre pour qu'il fasse ceci ou cela, alors décidez d'une juste répartition des tâches (quitte à revoir le tableau des tâches ultérieurement). Le partage doit être équitable et notamment dépendre du temps de travail de chacun. Logiquement, si chacun dans le couple travaille à temps plein, la charge devrait être identique. Ce n'est pas le cas ? Tiens... pourquoi ?

3. Adoptez le système du parent *back-up* ! Si vous avez tous les deux une activité professionnelle prenante, répartissez-vous équitablement des jours back-up. Le back-up est celui qui s'occupera de l'enfant malade si aucune solution de garde n'est possible. Ce système permet de mieux s'organiser en prévoyant si possible réunions et projets importants les jours où l'on n'est pas back up. Il contribue aussi à une plus grande égalité dans le couple. Par exemple, les lundi et jeudi, maman est back up et les mardi et vendredi, c'est papa. Le mercredi, il y a alternance.

Collez ici une photo de votre famille harmonieuse et sereine...

Et gardez une place pour vous dans votre vie !

Collez ici une photo qui symbolise la présence du petit être, par exemple une photo de vous deux...

Remerciements

Je remercie Charlène Guinoiseau, responsable éditoriale, pour ses belles idées, sa confiance et son enthousiasme qui m'ont portée dans des moments décisifs de ma vie d'écrivain. Nos échanges ont touché mon coeur et ont fait d'elle une amie.

Toute ma gratitude au docteur Sarah Swimberghe qui, en plus de m'avoir accompagnée avec humanité et intelligence dans mes grossesses, a bien voulu partager un soupçon de sa sagesse et de ses connaissances dans ce livre.

Chaque maman sait combien une pédiatre ingénieuse, drôle et empathique est le plus bel allié après l'accouchement! Un énorme merci au docteur Nathalie Sannikoff qui a donné de son temps pour livrer ici quelques-uns de ses précieux conseils.

Achevé d'imprimer en mai 2016
sur les presses de la Nouvelle Imprimerie Laballery
58500 Clamecy
Dépôt légal : mai 2016
Numéro d'impression : 604192

Imprimé en France

La Nouvelle Imprimerie Laballery est titulaire de la marque Imprim'Vert®